AF284560

Ulla Fichtner

DENK MAL NACH!

Band 2

Gedanken zum Zeitgeschehen

Impressum

Bibliografische Information der Deutschen Nationalbibliothek:
Die Deutsche Nationalbibliothek verzeichnet diese Publikation in der Deutschen
Nationalbibliografie; detaillierte bibliografische Daten sind im Internet über
http://dnb.dnb.de abrufbar.

© 2023 Ulla Fichtner

Herstellung und Verlag: BoD – Books on Demand, Norderstedt

ISBN: 9783754315767

Vorwort

In Zeiten, in denen Informationen überall präsent sind und uns täglich überfluten, ist es umso wichtiger, dass wir uns bewusst mit dem Geschehen um uns herum auseinandersetzen.

"DENK MAL NACH!" Band 2 ist, wie auch schon Band 1, ein Buch, das genau diese Notwendigkeit betont.

Es lädt ein, die aktuellen Themen des Zeitgeschehens kritisch zu hinterfragen und mit einer Mischung aus Ernsthaftigkeit und Ironie zu interpretieren.

Das Buch soll jedoch nicht als ein Ratgeber oder gar als ein Befehl verstanden werden.

Vielmehr ermutigt es, uns selbst zu hinterfragen, wie wir mit den genannten Themen umgehen und ob wir etwas verbessern möchten.

Das Buch ist eine Anregung, über gegenwärtige Themen nachzudenken, aber auch eigene Lösungsansätze zu entwickeln.

In den folgenden Kapiteln werden verschiedene Aspekte des Zeitgeschehens behandelt, angefangen von Umweltproblemen und sozialen Ungerechtigkeiten bis hin zu politischen Entwicklungen und technologischem Fortschritt.

Inhaltsverzeichnis

Vorwort

Staat

Die heutige Gesellschaft

Zur Gesellschaft heutzutage stellt sich so mancher immer mehr Fragen.

Es gibt so viele Veränderungen, nicht alle sind gelungen.

Ganz oben auf der Liste steht der Wandel der Familie,

einhergehend mit der Veränderung der sozialen Beziehungen.

Es folgt die Umgestaltung der Arbeitswelt,

die allerlei Möglichkeiten offen hält

und der Aufstieg der neuen Medien.

Der ein oder andere kommt damit nicht zurecht

und findet alles schlecht.

Karriere macht nur derjenige, der Single ist,

eine Familie ist in der Arbeitswelt oft hinderlich.

Vom Arbeitnehmer erwartet der Chef Flexibilität und hohe Belastbarkeit,

Freizeitverzicht und Weiterbildungswille.

Nur dann hat man zukünftig eine Chance auf eine Arbeitsstelle.

Das führt zu Hause dann zum Streit.

Unter diesen Bedingungen

leiden viele zwischenmenschliche Beziehungen.

Doch sollte man nicht nur die Nachteile sichten.

Es gibt auch viel Positives zu berichten.

Die Unterordnung der Frau ist in Deutschland zum großen Teil vorbei.

In der Berufs- und Partnerwahl entscheidet sie frei.

Frauen und Männer sind gleichberechtigte Partner.

Männer nehmen ihre Verantwortung an der Kindererziehung stärker wahr als

Vater.

Kinder vereint nicht nur das traditionelle Spielen,

der Computer lässt ihre Fantasie in andere Sphären fliegen.

Die neuen Medien sind bei der Entwicklung eines Kindes nicht zwingend

hinderlich.

Sie bieten den Eltern, die sich damit auseinandersetzen, sicherlich

viele interessante Möglichkeiten,

diese auf dem Weg in das Erwachsenenalter zu begleiten.

Aber:

Die heutige Gesellschaft muss Prioritäten setzen,

darf nicht von einem Extrem in das andere hetzen.

Sicherheit

Es ist das Bestreben eines jeden,

in Sicherheit zu leben,

des Nachts ruhig zu schlafen

im geschützten Hafen

der eigenen vier Wände.

Wir vertrauen dem Staat und seinen Institutionen,

dass sie Verbrechen verhindern und nicht belohnen.

Sicherheit vor Kriminalität und Terrorismus,

so dass der Verbrecher hinter Gitter muss.

Behütet vor dem Krieg,

dem Guten den Sieg.

Geborgen vor Elend und Armut, soziale Unterstützung ist gut.

Zu beachten ist, dass Sicherheit nicht von alleine entsteht,

sondern mit Maßnahmen und Schutzvorrichtungen einhergeht,

um die Gesellschaft gegen unterschiedliche Bedrohungen zu schützen,

so dass sie allen nützen.

Doch:

Die Sicherheit des Einen

ist nicht automatisch die Sicherheit des Anderen,

auch wenn wir das meinen.

Was der Eine für richtig hält, um in Sicherheit zu leben,

ist für den anderen eine Einschränkung seiner Freiheit und so nicht

hinzunehmen.

Die Akzeptanz von Sicherheitsmaßnahmen,

bewegt sich immer in einem Rahmen,

von unterschiedlichen Werten,

diese dürfen sich nicht verhärten.

Es ist nicht leicht, die richtige Balance zu finden,

damit Zuversicht und Vertrauen der Bürgerinnen und Bürger in den Staat

nicht schwinden.

Es besteht zumindest darin Einigkeit:

Keine Freiheit ohne Sicherheit. Keine Sicherheit ohne Freiheit.

Steuerzahler

In Deutschland, wo wir leben,

müssen wir Steuern geben,

es ist eine Pflicht für jedermann,

um den Staat zu finanzieren, so ist der Plan.

Viele sehen es nicht ein,

sie finden es unfair und gemein,

dass sie ihr Geld abgeben müssen,

für Dinge, die sie nicht benutzen.

Ohne Steuern geht es nicht,

sie sind nun mal eine Pflicht.

Wir finanzieren damit:

Krankenhäuser, Schulen, Straßen,

unsere Sicherheit, unser Sozialsystem,

und viele andere nützliche Dinge.

Und das ist für viele ein Segen.

6 aus 16 Bundesländer

Im Norden finden wir die Friesen,

sie lieben das Meer und frische Brisen.

Viele leben auf Inseln und Halligen dort,

und verständigen sich mit dem plattdeutschen Wort.

Im Süden sind die Bayern bekannt
für Haxen, Brezen, Bier und Tanz.
Vor allem beim Oktoberfest,
vergessen viele ihren Stress.
Die Schwaben sprechen fein und leise,
sind fleißig und im Sparen weise.
Sie bauen Autos und stellen Käse her,
das ist für dieses Völkchen nicht schwer.

Die Rheinländer lieben den Karneval,
sie feiern ausgelassen das Leben
mit Kölsch und leckerem Essen als Mal
was kann es da Schöneres geben?

Die Sachsen sind bekannt für ihre Kultur

und dazu zählen Musik, Kunst und Architektur.

Sie bauten viele schöne Burgen und Schlösser

und verteidigten diese früher mit ihren Streitrössern.

Die Nordrhein-Westfalen sind offen und tolerant,

zeigen anderen gerne ihr schönes Bundesland.

Verschwand es durch die Kohle vor Jahren zuweilen im Dunst,

hat es sich neu definiert, welche Kunst.

Diese Menschen sind alle Bürgerinnen und Bürger eines Landes,

sind das Fundament einer Nation.

Ohne sie gibt es keine Aktion.

Denn nur gemeinsam sind sie stark.

Demokratie

Demokratie ist ein hehres Ziel.

In einer Welt voller Widersprüche und Schmerz,

hält sie uns alle zusammen, verbindet und stärkt.

Ein jeder hat das Recht zu sagen,

was er denkt, ohne zu klagen.

Die Stimme des Volkes, laut und klar,

was früher undenkbar schien, ist hier wahr.

In Wahlurnen wird die Zukunft bestimmt,

doch nur wenn man sich dazu durchringt,

auch wählen zu gehen.

Die Demokratie ist gefährdet wie nie.

Demokratie ist kein Selbstläufer.

Sie braucht die Beteiligung aller.

Verschiedene Meinungen, mit einem gemeinsamen Ziel.

Demokratie ist eine Idee,

die jeden Tag neu geboren wird,

in jedem Land, in jeder Nation.

Sie ist fragil, doch stark im Kern.

Gleiche Rechte für jedermann,

kein Vorrecht für die Reichen.

Die Freiheit muss geschützt werden,

sonst droht sie zu zerbrechen,

Ein jeder soll in Frieden leben,

unabhängig von Geburt und Herkunft.

Das Ziel muss sein, die Demokratie zu bewahren.

Wohlstand

Wohlstand

Einst war Deutschland reich und stark,

der Wohlstand galt als höchstes Glück.

Die Menschen lebten zufrieden mit der Deutschen Mark,

waren materiell gut bestückt.

Doch jetzt ist der Glanz verblasst,

viele Menschen drückt eine schwere Last.

Die Preise steigen, das Geld wird knapp,

die Menschen spüren, es geht bergab.

Der Wohlstand schwindet und hinterlässt

nur noch Frust und Stress.

Die Löhne stagnieren

und die Menschen kapieren,

dass es nicht leicht ist, davon zu leben.

Die Sorgen werden immer größer,

genauso wie die Kluft zwischen Arm und Reich.

Denn auch, wenn das so viele meinen,

wir sind nicht alle gleich.

Dennoch:

Wohlstand in einem Land, geht nur Hand in Hand.

Wir müssen die Gräben überwinden,

damit Wohlstand, Freude und Solidarität wieder hier eine Heimat finden.

Wir müssen uns vereinen und zusammenstehen,

um gemeinsam in eine bessere Zukunft zu gehen,

in der jeder Mensch die Chance hat, sich zu verwirklichen.

Arm und Reich

Arm und Reich,

es sind nicht alle gleich,

in diesem unserem Land,

das ist schon lange bekannt.

Die materielle Armut in Deutschland ist stark angestiegen.

Woran kann das liegen?

Rekordinflation,

niedriger Lohn,

Corona-Pandemie,

Ukraine-Krieg,

Flüchtlingswellen.

Trotzdem werden Reiche immer reicher.

Sie leben exklusiv und luxuriös,

das macht so manch Armen nervös.

Reiche können sich alles gönnen.

Arme können das nicht stemmen.

Denkt bei Reichtum nicht nur an Geld.

Es gibt so viel Schönes auf der Welt.

Was nutzen all die teuren Dinge:

große Autos, Ferienhaus am Strand,

Super - Gehalt, hoher Kontostand,

wenn man emotional ein Krüppel ist.

Zufriedenheit im Leben,

Glück empfinden und abgeben,

seine persönliche Freiheit genießen,

jeden neuen Tag freudig begrüßen,

sich rundum wohlfühlen,

dann ist man ebenfalls reich,

unabhängig davon, ob man viel Geld besitzt.

Wenn dein Umfeld dich unterstützt,

du von deiner Familie geliebt wirst,

du dich auf Freunde verlassen kannst,

ist das oftmals viel wertvoller,

als Geld auf der hohen Kante und materielle Dinge.

Reich ist bereits der, dem reicht, was er hat.

Denn: „Reichtum beginnt im Herzen."

Inflation

Die Preise klettern hoch und höher,

das Geld verliert an Wert.

Die Angst wird deshalb immer größer,

und es stellt sich die Frage, wohin das alles führt.

Ein Euro war gestern viel mehr wert,

heute reicht er kaum.

So mancher Bürger fragt sich deshalb:

Ist das nur ein Traum?

Man muss für alles viel mehr zahlen.

Die Inflation, sie macht uns ratlos und leer.

Für viele ist das eine Plage,

sie stemmen das Ganze nicht mehr.

Luxusproblem

Ach ja, die armen Super-Reichen.

Sie haben alles, was sie sich wünschen können:

ein luxuriöses Zuhause, teure Autos,

Designerkleidung und jede Menge Geld auf ihrem Bankkonto.

Ihre grundlegenden Bedürfnisse sind mehr als erfüllt.

Aber trotzdem scheinen sie nie wirklich glücklich zu sein.

Mit ihrem Luxusproblem

sitzen sie zu Hause bequem

und sehen zu,

wie andere sich nach der Decke strecken,

manche sogar im Elend verrecken.

Dabei sollten sie niemals vergessen,

dass andere kämpfen um ihr Essen,

um Medizin und Wasser, das so knapp und rar,

diese Menschen haben wahrhafte Probleme, das ist wahr.

Solche Missstände sollten sie nicht ignorieren,

sondern helfen, sich mehr engagieren.

Ihre Privilegien nutzen,

um Gutes zu tun und zu unterstützen.

Um zu helfen und zu teilen,

damit sie sich zuweilen

auch einmal glücklich fühlen.

Lohnerhöhung

So mancher Arbeitnehmer denkt:

Mehr Geld im Portemonnaie,

das wäre schön.

Als Anerkennung für die viele Schufterei.

Ein bisschen mehr Lohn,

wegen der hohen Inflation.

Oft sieht der Arbeitgeber es nicht ein,

das ist dann sehr gemein.

Der Chef gibt allerlei Gründe an,

warum er es nicht zahlen kann,

und erwartet vom Arbeitnehmer dann,

dass dieser es versteht.

Obwohl man gute Leistung erbracht hat,

ist der Arbeitgeber zurückhaltender als gedacht

und das Gehalt bleibt unverändert,

man wird nicht satt.

Computertechnik

Cybermobbing

Cybermobbing, ein schreckliches Wort,

doch leider Realität im World Wide Web.

Wo Anonymität und Hass regieren,

da gibt es kein Entrinnen.

Das Opfer ist allein und verängstigt.

Es kann sich nicht wehren,

gegen den Strom der Worte und Bilder.

Man hackt auf ihm herum, ohne Reue,

manchmal sogar mit lustvollem Vergnügen.

Die Täter fühlen sich mächtig und stark,

hinter ihren Bildschirmen und Pseudonymen.

Sie glauben, sie könnten tun und lassen was sie wollen.

In Wahrheit sind sie feige und schwach,

denn nur im Netz können sie so gemein sein.

Was ist mit dem Opfer, das leidet,

das seine Würde und seinen Ruf verliert,

das keine Ruhe mehr findet, keine Hoffnung hat?

Es bleibt allein, in der Falle des Cyberspace.

Dagegen muss man etwas unternehmen,

den Tätern die Stirn bieten und ihnen zeigen:

Das Netz ist kein rechtsfreier Raum,

und Hass und Gewalt haben hier keinen Platz.

IT

IT ist heutzutage sehr wichtig,

ohne sie geht fast nichts mehr richtig.

Dank ihr können wir uns vernetzen und kommunizieren.

Sie verbindet Menschen nah und fern.

Sie bietet uns viele Chancen und Wege,

das haben wir gern.

Sie hilft uns in der Arbeit, in Schule und Studium,

Doch kann sie auch verleiten zum stundenlangen „Gar-nichts-Tun".

Zuweilen kann sie uns verwirren,

wenn wir uns in ihr verirren.

Daten werden in Sekundenschnelle übertragen,

man muss nicht lange fragen,

wenn man auf Antwort wartet.

Codes, Programme, Datenbanken,

alles hängt zusammen.

Ohne sie gäbe es keine E-Mails,

keine Online-Shopping-Meilen,

kein Internetbanking,

keine Apps, wo wir verweilen,

kein Social Media.

Wir nutzen sie bei Tag und Nacht.

Sie öffnet uns die ganze Welt.

Doch sollten wir immer auch kritisch bleiben,

uns vor negativen Folgen schützen und bewahren,

denn Datenmissbrauch birgt viele Gefahren,

vor denen muss man warnen.

Soziale Medien

Soziale Medien - Orte, um sich zu verbinden,

wo Menschen aus der ganzen Welt zusammenfinden.

Eine Plattform für jeden,

hier kann man über alles reden.

Doch sie beeinflussen uns und die Gesellschaft,

wenn wir uns in einer virtuellen Welt verlieren.

Likes, Kommentare, Follower - sie sind wie Drogen,

wenn sie uns belohnen.

Wir werden süchtig danach.

Die Folge daraus:

Wir vergleichen uns mit anderen und werden unsicher,

vergessen oft, wer wir sind und was uns ausmacht.

Die Abhängigkeit von sozialen Medien,

kann uns auch isolieren und uns von der Wirklichkeit entfernen.

Das sind dann die Schattenseiten,

die uns im Netzwerk begleiten.

Es liegt an uns, wie wir sie verwenden und mit ihnen umgehen.

Wir dürfen uns jedoch nicht von ihnen beherrschen lassen.

Roboter im Pflegeheim

Roboter im Altenheim,

wäre das nicht fein?

Ist es denn schon soweit?

Hält die Zukunft das für uns bereit?

Beim bevorstehenden Pflegekräftemangel

wird uns angst und bange,

wenn wir an diese Vorstellung denken:

Roboter sollen uns zukünftig lenken?

Sie sind hier, um die PflegerInnen zu entlasten,

weil diese immer hasten,

von einem zum anderen Bewohner,

ohne sich zu schonen.

Roboter sind immer da und werden nie müde,

sind immer zufrieden.

Sie weichen niemals von ihrer Aufgabe ab,

halten den Seniorenbetrieb auf Trab.

Zum Betten machen und Zimmer putzen,

bei diesen Gelegenheiten kann man sie benutzen.

Sie können auch in Notzeiten

das Essen servieren und Senioren in den Garten begleiten.

Doch was ist mit der menschlichen Interaktion,

Die uns stärkt und die wir so sehr schätzen?

Können Roboter wirklich die Liebe und Zuneigung ersetzen,

die wir von unseren Mitmenschen erhalten?

Es ist wichtig, zu erkennen:

Roboter können nur eine Ergänzung sein.

Aber sie werden niemals die menschliche Gefühlswärme ersetzen.

Das Virus

Der Computer ruckelt, sein Code verblasst,
das Virus lacht, es hat ihn erfasst.

Die Bytes erkranken, die Daten sich nicht mehr regen,
die Bildschirme zittern, die Festplatten beben.
Ein unsichtbares Übel, tief im System sich versteckt,
das Virus sich ausbreitet, ohne dass man es entdeckt.

Wie eine Krankheit, die den Körper zerstört,
so wird der Computer von innen ausgehöhlt.
Daten werden gestohlen, gelöscht, manipuliert,
das Virus triumphiert unbeirrt.

Ein Computer, einst so stark und klar,

wird zum Spielball dieser digitalen Gefahr.

Der Computer und der Körper, vereint im Leid,

gleiche Symptome, gleiche Unsicherheit.

Der Computer und der Körper, beide befallen

von Viren, die keine Grenzen einhalten.

Der Mensch wirft sich dann eine Pille ein,

legt sich ins Bett und denkt, morgen wird alles wieder gut sein.

Als Lösung für den PC laufen Antivirus-Programme heiß,

für diese zahlt man gerne einen hohen Preis.

Mit Virenschutz und Firewall im Gepäck

sind sie die Ritter des Cyberspace-Checks.

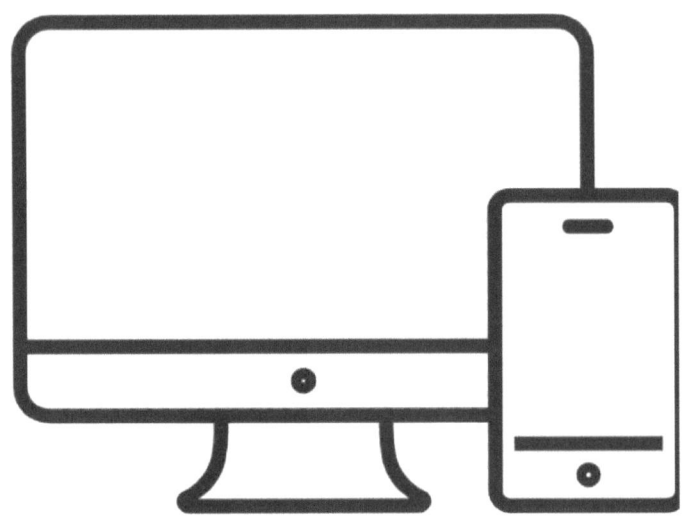

Sport

Gesundheit oder Illusion?

Die „Helden des Sports"

rennen in engen Shorts,

schwitzend auf dem Laufband,

einen grünen Smoothie in ihrer Hand.

Sie preisen die Gesundheit,

stehen in ihrer Eitelkeit

vor dem Spiegel,

bewundern ihre Muskeln,

die sind fest und straff.

Sie strotzen vor Kraft.

Das Bestreben,

an einem Marathon teilzunehmen

ist für sie ein Gewinn.

Doch macht das alles Sinn?

Wer braucht diese körperliche Pein,

was bringt sie schon großartig ein?

Verletzungen lauern, verstauchte Knöchel,

gebrochene Knochen,

Sie zahlen den Preis für den Ruhm,

den sie sich erhoffen.

Statt gemütlich und faul auf der Couch zu liegen,

die Freizeit zu genießen,

fühlen sie sich getrieben.

Sind stolz auf ihre Schmerzen,

können über ihre Pein scherzen.

Erhoffen sich ein langes, gesundes Leben,

müssen sich dauernd bewegen.

Ob es sich lohnt, sei hier dahingestellt.

Sie leben in einer anderen Welt.

Gesundheit ist wichtig,

faul sein ist aber auch mal richtig.

Jeder hat eine Wahl.

Die einen bevorzugen die Bequemlichkeit,

die anderen die Qual.

Sport

Sport ist eine Leidenschaft,

er bringt uns Freude, Mut und Kraft.

Sport ist ein Feuer, das in uns brennt,

ein Wunsch uns miteinander zu messen,

den jeder kennt.

Die Grenzen des eigenen Körpers zu erfahren

und nicht im ‚Nichts-Tun' zu verharren.

Jeder Wettkampf, jede Herausforderung,

die wir gewinnen, gibt uns Schwung.

Wir trainieren hart,

Tag für Tag.

Von früh am Morgen

bis spät in die Nacht,

ob laufen, springen, Gewichte heben,

um unser Bestes zu geben.

Sport ist mehr als nur Bewegung,

mehr als nur körperliche Ertüchtigung,

Sport stärkt den Körper und den Geist.

Er hält uns jung.

Sport fordert uns heraus,

Mit jeder Herausforderung, wachsen wir über uns hinaus.

Er lehrt uns Disziplin, Ausdauer und Fleiß,

so gewinnen wir manchen Preis.

Durch Siege und Niederlagen lernen wir,

dass der Sport uns auf das Leben vorbereitet

und uns in die Lage versetzt,

unsere Träume zu verwirklichen.

Fußball und die Bundesliga

Fußball ist ein Spiel, das uns alle begeistert.

Es ist wie ein Rausch, der uns alle verführt.

Die Spieler rennen und kämpfen, um den Ball ins Tor zu schießen.

Sie geben alles und mehr, um den Sieg zu genießen.

Das Publikum jubelt und schreit, wenn das Tor endlich fällt.

Es ist wie ein Feuerwerk, das die Nacht erhellt.

Ob Champions League oder WM,

der Fußball bringt uns alle zusammen.

Ein Spiel, das unsere Seele berührt,

uns in andere Sphären entführt.

Im Stadion herrscht wahre Magie,

die Fans erheben sich wie nie.

Gesänge hallen durch die Luft,

ein jeder Fan für seine eigene Mannschaft ruft.

Von Deutschland bis nach Argentinien,

von Spanien bis nach Brasilien.

Die Liebe zum Fußball ist grenzenlos.

Die Welt vereint im Fußballspiel,

das ist das Ziel.

Doch in der Welt des Fußballs gibt es nicht nur Leidenschaft und
Spielvergnügen.
Denn auch Geld, Macht und Gier sind hier zu finden.

Entscheidungen werden hinter verschlossenen Türen getroffen,
sie sind nicht offen.

Transparenz und Fairness wird oft vergessen,
die Vereine kämpfen ganz versessen
für den großen Mammon.
Die Liebe zum Spiel gerät dabei ins Hintertreffen.

Was ist mit dem Geist, der Fußball groß gemacht hat?
Ist es nicht an der Zeit, sich daran zu erinnern,
dass es um das Spiel und nicht um das Geld geht?

Muskelkater

In den Muskeln, tief verborgen,

fühle ich bestimmt den Kater morgen.

Ein Schmerz, der sich in mir ausbreitet,

nach einer Sporteinheit mich begleitet.

Muskelkater, du bist mein stummer Lehrer,

du zeigst mir, dass ich wachse und immer besser werde.

Mit Ehrgeiz und Disziplin verfolge ich einen Plan,

um meine sportlichen Ziele zu erreichen, so gut ich kann.

Du bist zwar schmerzhaft, doch ich bin bereit,

mich weiterhin zu quälen, um besser zu werden, mit der Zeit.

Also werde ich weiter trainieren und nicht nachlassen,

denn ich weiß, der Kater wird verblassen.

Trainingseinheit vor dem Wettkampf

Ein Sportler begibt sich zur Trainingseinheit.

Mit Eifer und Mut steht er bereit,

den Körper zu stärken, für eine erfolgreiche Zeit.

Die Hanteln glänzen im schimmernden Licht.

Der Schweiß rinnt ihm übers Gesicht.

Die Haut verfärbt sich glühend rot.

Der Sportler bekommt Atemnot.

Die Muskeln brennen, doch er gibt nicht auf,
die Anstrengung treibt ihn zum Gipfel hinauf.
Die Beine zittern, der Puls schlägt hoch.
Aber er weiß, dass sich die Qual lohnt.

In der Trainingseinheit liegt ein Geheimnis verborgen,
Sie fordert ihn heraus, macht ihn fit für morgen,
Die Ausdauer steigt, die Muskeln wachsen,
und die Schmerzen und Zweifel, sie verblassen.

Der Trainer steht dabei, voller Eifer und Tat,
er motiviert, fordert heraus, gibt seinen Rat.
Er kennt die Grenzen, glaubt an das Potenzial,
glaubt an einen Sieg seines Sportlers.
Das wäre genial.

Vereine

Vereine sind Orte,

an denen Menschen zusammenkommen

und Ideen austauschen.

Wo jeder willkommen ist und sich zuhause fühlt.

Dort engagiert man sich,

entwickelt Fähigkeiten und Talente,

teilt Leidenschaften und lässt sich inspirieren,

baut neue Freundschaften und Beziehungen auf.

Sie sind ein wichtiger Teil der deutschen Kultur,

eine Quelle des Stolzes und der Identität.

Die Vielfalt der Vereine ist ein Spiegelbild unserer Gesellschaft,

und zeigt, was wir als Nation erreichen können.

Lasst uns die Vereine wertschätzen,

und auch die Ehrenamtlichen, die sie betreiben und unterstützen.

Sie sind ein wichtiger Teil unserer Gesellschaft,

und fördern Gesundheit, Gemeinschaft und Spaß.

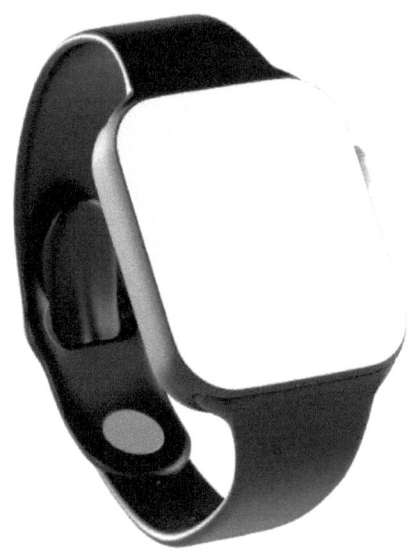

Gesundheit

Alles unter Kontrolle (Smartwatch)

Ich trage neuerdings eine Smartwatch am Arm.

Beim Gedanken an sie wird mir ganz warm.

Sie sagt mir, ob mein Körper in Form

und ob ich erfülle die Norm.

Sie zählt die Schritte, die ich am Tag geh,

und achtet darauf, dass ich nicht zu viel steh.

Der Puls wird gemessen, die Herzfrequenz auch.

Und wehe ich schlafe zu oft auf dem Bauch.

Meine Smartwatch sagt mir stets,

wie es mir geht.

Die Gesundheit im Blick, das ist superfein,

denn so kann ich immer gesund und fit sein.

Auch, wenn ich zu wenig trinke, erinnert sie mich.

Doch manchmal ist sie strenger als ich.

"Steh auf und beweg' dich, du hast zu lang gesessen!",

sagt sie dann mit entschlossener Stimme, ganz besessen.

Mit ihr kann ich auf meine Gesundheit achten

und all meine Defizite entmachten.

Denn nun weiß ich,

dass ich endlich alles unter Kontrolle habe.

Ironische Gedanken zu einem kranken System

Das deutsche Gesundheitssystem ist einfach fantastisch!

Es ist doch wirklich erstaunlich,

wie Kliniken mit immer weniger Personal

immer höhere Gewinne erzielen.

Man könnte fast meinen,

dass das deutsche Gesundheitssystem

eine Art Wunderheiler ist,

der Patienten mit nichts als einem Placebo

und einer guten Portion Glück wieder auf die Beine bringt.

Und die Sache mit den Medikamenten ist auch genial!

Warum sollten wir uns Sorgen machen,

wenn die Herstellung von wichtigen Medikamenten

ins Ausland verlagert wird und es dadurch zu Engpässen kommt?

Schließlich gibt es ja genug andere Dinge,

die wir stattdessen tun können,

um unsere Gesundheit zu verbessern.

Zum Beispiel eine Tasse Tee trinken oder Yogaübungen.

Ich persönlich finde es großartig,

dass wir uns im deutschen Gesundheitssystem

auf das Wesentliche konzentrieren,

nämlich den maximalen Profit.

Pharmazieunternehmen

Die Forschung und die Medizin, hier fließen sie zusammen,
Innovationen und Therapien, um Krankheiten zu bannen.
Von der Grundlagenforschung bis zur klinischen Studie
suchen sie stets nach Wegen zur Heilung.

In bunten Reagenzgläsern entstehen Medikamente,
die das Leid mildern, die Schmerzen verdrängen.
Die Apotheken füllen sich mit ihren Kreationen,
die Regale sind gefüllt mit Medikamentenvariationen.

Von Salben und Cremes bis hin zu Tropfen und Pillen,
versprechen sie, dass sie uns Linderung bringen.

Sie schenken uns Hoffnung, wenn das Leiden quält

und versprechen Rettung, wenn das richtige Medikament ist erwählt.

Doch trotz ihres Strebens nach Heilung und Wohlergehen,

gibt es auch Nachteile, die darf man nicht übersehen.

Zum Beispiel ist die Verteilung der Medikamente ein Thema,

nicht jeder hat Zugang zu ihnen, das ist ein Dilemma.

Zu nennen wäre da auch der Profit,

der zu überhöhten Verkaufspreisen führt.

Manche Firmen stellen Geld über Gesundheit,

was zu knappen Ressourcen überleitet.

Ein weiteres Problem sind die Monopole,

die sich nur für bestimmte Unternehmen lohnen.

Denn diese beherrschen den Markt allein,

so kann kein Wettbewerb sein.

Die pharmazeutischen Marketingstrategien

können ebenfalls die Fakten trüben.

Oftmals übertreiben sie es mit der Wirksamkeit,

und reden die Nebenwirkungen klein.

Krankenkassen

In Deutschland gibt es Krankenkassen,

die für die Gesundheit Sorge tragen.

Ob jung, ob alt, ob groß, ob klein,

bei ihnen kann man versichert sein.

Ein Jeder zahlt hier seine Beiträge ein,

um im Krankheitsfall gut versorgt zu sein.

Die AOK, die TK, die Barmer und viele mehr,

sie bieten Schutz, das ist doch fair.

Arztbesuche und Therapien, die notwendig sind,

zahlen die Kassen geschwind.

Das ist ein Segen

und erfreut jeden.

Sie stellt Vorsorge, Behandlung, Medikamente bereit.

Jedoch gibt es auch manchmal Streit.

Die Beiträge steigen, die Leistungen werden knapp.

Die Bürokratie wächst, da macht jede Organisation schlapp.

Kuraufenthalt

In einer Welt voll Hektik und Stress,

sucht man oft nach einem Moment des Glücks.

Der Körper sehnt sich nach Stille und Ruh',

nach Harmonie und einem Neuanfang im Nu.

Die Antwort darauf ist eine Kur,

ein Ort der Heilung, ohne Schnickschnack, ganz pur.

Inmitten der Natur, fernab vom Alltagstreiben,

darf man dann für länger bleiben.

Im Herzen der Natur, ein Ort der Ruh',

Wo Menschen finden Heilung, das ist die Kur.

Ein Zauber liegt in der gesunden Luft,

mit ihrem ganz speziellen Duft.

Die Kurklinik erhebt sich stolz und weit,

ein Ort des Friedens und der Geborgenheit.

Mit fachkundigen Händen und liebevoller Pflege,

wird man geheilt, ist auf dem richtigen Wege.

Die Quellen sprudeln, das Wasser ist so klar,

es heilt die Wunden, stillt den Schmerz sogar.

In Thermalbädern und medizinischen Wannen,

fühlt man sich wie neu, kann Energie tanken.

Wanderungen und frische Luft im Überfluss,

man spürt, dass man sich hier einfach erholen muss.

Die Sonne strahlt und wärmt das Herz,

Man spürt die Freude und gar keinen Schmerz.

Die Anwendungen sanft und doch so stark,

sie lockern den Körper bis ins Mark.

Massagen, Bäder, wohltuende Packungen,

sie lindern die Schmerzen, übertreffen die heilenden Erwartungen.

Geselligkeit und Freude sind allgegenwärtig,

das ist einfach herrlich.

Man lernt neue Menschen kennen,

gemeinsam lacht man, genießt das Leben.

In der Kur, einem Ort, an dem Herzen zusammenfinden

und die Leiden schwinden.

So dankbar sind die meisten für diese Zeit,

Die Kur hat sie geheilt, ihr Herz befreit.

Sie kehren gestärkt und voller Elan zurück,

Die Kur, ein Geschenk, ein Stück Lebensglück.

Krieg und Frieden

Frieden

In einer Welt voller Angst, Krieg und Schmerzen,

wünschen wir uns Frieden von ganzem Herzen.

In Gemeinschaft zu leben, ohne Vorurteil und Neid,

das ist der Weg zum Frieden, zur Einigkeit.

Er beginnt in uns, in jedem einzelnen Sein,

wenn wir uns öffnen, frei und rein.

Durch Mitgefühl und einem lieben Wort

verbreiten wir Frieden von Ort zu Ort.

Die Worte, sie formen Brücken,

die über Gräben und Abgründe blicken.

Sie tragen Hoffnung, verbinden die Welt,

denn im Frieden sind wir alle ein Held.

Die Farben des Friedens sollen leuchten hell,

in allen Nuancen schön grell.

Rot für die Liebe, Gelb für den Sonnenschein,

Grün für die Natur, die so kostbar und rein.

Lasst uns die Waffen des Streites ablegen,

die Kriege und Konflikte zersägen.

In Frieden vereint, stark wie ein Baum,

erblüht die Erde, wird zum schönsten Lebensraum.

Flüchtlingswelle

Flüchtlingswelle, stürmisch und stark,

bricht an die Küsten, trifft jeden Flüchtenden hart.

Fremde Kulturen, neue Gesichter,

auf der Flucht vor Kriegen und Richter.

Die Flüchtlingswelle erzählt Geschichten,

von Menschen, die alles verlieren und nichts mehr besitzen.

Doch in ihren Herzen lebt der Glaube fort,

dass sie eine neue Heimat finden an einem anderen Ort.

In der Not, der Hunger ist groß,

verlassen sie ihre Heimat, manchmal auf einem Floß.

Mit Mut im Herzen, Hoffnung im Blick,

lassen sie alles zurück.

Sie fliehen vor dem Schrecken dort,

den Bomben, der Verfolgung, dem Mord.

Sie suchen Schutz, ein besseres Leben,

ein Zuhause, dafür würden sie alles auf sich nehmen.

Sie treffen auf Grenzen, auf verschlossene Türen.

Dennoch, ihr Mut lässt sie niemals resignieren.

Nicht bei allen sind sie willkommen,

manch einer fühlt sich von ihnen bedroht.

Sie reagieren genervt und beklommen,

sehen nicht deren Not.

Dabei vergessen sie:

Die Flüchtlinge betteln nicht um Mitleid,

sondern viele von ihnen sind bereit,

sich in unser Leben zu integrieren,

um ein Leben in Freiheit hier zu führen.

Vertrieben und heimatlos

In stillen Nächten, tief und weit,

ein Mensch verloren, ohne Zeit.

Die Heimat fern, ein Schatten dort,

verwaist die Seele zum leeren Ort.

Das Lachen, einst so fröhlich klang,

verstummt, verhallt im tristen Gang.

Die Stimmen fremd, die Sprache hart,

die Sehnsucht nagt im tiefsten Gram.

Vertraute Klänge sind längst verstummt,

das Herz im Innersten nur brummt.

Nun hallt die Stille, düster und kalt,

die Sehnsucht wächst auf ein sicheres Zuhause bald.

Verlorene Träume, sanft verweht,

in den Nebel der Vergangenheit entschwebt.

Die Heimat ruft, vermisst ihr Kind,

der Sehnsucht Ruf im Herzen schwingt.

Verloren, doch niemals vergessen,

wird der Heimat viel Wehmut beigemessen.

Die Heimatlosen, nun stark und frei,

tragen sie im Innersten dabei.

Denn heimatlos ist nicht verloren,

es gibt einen Platz, an dem sie neu geboren.

Die Welt ist groß, der Raum ist weit,

sie finden eine Heimat, die für sie ist bereit.

Trügerische Waffenruhe

Inmitten des Schweigens, ein flüchtiger Schein,

die Waffen, sie ruhen, es scheint friedlich zu sein.

Ein Hauch von Versöhnung liegt in der Luft,

doch das Misstrauen schlummert tief in der Brust.

Worte der Harmonie, leise und sacht,

aber ihre Bedeutung ist längst schon verflacht.

Sie schweben im Raum, wie Nebel so zart,

denn die trügerische Waffenruhe hält Leiden parat.

Ein Lächeln mag auf den Lippen liegen,

doch in den Augen schimmert die Dunkelheit.

Worte der Versöhnung, so sanft gesprochen, sie verfliegen

und verschleiern die Lügen, die stets verborgen.

Lasst uns die Wahrheit erkennen, sie sehen,

durch das falsche Lächeln hindurch, die Masken verstehen.

Denn die trügerische Waffenruhe, sie mag uns blenden,

aber wir werden wachsam sein und die Lügen beenden.

Ein Hauch von Frieden, so flüchtig und schmal,

die Waffenruhe, sie bleibt trügerisch und fatal.

Lasst uns die Täuschung durchschauen mit Macht,

seid wachsam und habt Acht.

Wir sollten uns besinnen,

und Frieden wählen statt Gewalt.

Dann können wir die Waffen bezwingen

und leben in einer besseren Welt.

Neubeginn in einem fremden Land

In einem Land, so fern und weit,

sind sie zum Neubeginn bereit.

Fremde Gefilde, fremde Sitten,

sie lassen sich nicht lange bitten.

Die Sprache neu, die Worte fremd,

doch lassen sie sich nicht beirren,

mit Hingabe und viel Geduld,

erkunden sie die fremde Welt,

die so viel Neues für sie bereithält.

Sie hören zu und reden viel,

verstehen bald, was man von ihnen will.

Sie lauschen, lernen, nehmen an,

was das fremde Land ihnen bieten kann.

Ihr Wissen wächst an, Stück für Stück.

Sie holen sich ihr Leben zurück.

Die Ängste weichen, Tag für Tag,

verwandeln sich in Zuversicht und machen stark.

Sie lassen hinter sich die Zeit,

die nur Leid hielt für sie bereit.

Ein neues Kapitel nun für sie beginnt,

das ihnen ihr Selbstvertrauen zurückbringt.

Rente

Die Rente

Jahrzehnte der Arbeit sind vorbei,

nun hat man endlich jeden Tag frei.

Doch viele Menschen fragen sich voller Sorgen,

wie wird es sein, wenn ich nicht mehr arbeite, morgen?

Die Jugendzeit, so schnell verflogen,

die Kinder für das Leben groß gezogen.

Der Arbeitsplatz war sicher und gut,

aber das Rentensystem ist für viele ein Betrug.

Die Politiker versprechen viel,

doch eine gerechte Rente ist das Ziel.

Denn manchmal scheint es ganz und gar nicht fair,

wie wenig übrig bleibt,

und damit ist es dann schwer,

ein gutes Leben zu gestalten.

So ergeht es leider vielen Alten.

Die Rente ist nur ein Tropfen auf dem heißen Stein,

und der Lebensstandard schrumpft sichtlich ein.

Es braucht Lösungen und Veränderungen,

so dass im Alter keiner ist gezwungen,

von Almosen zu leben.

Es geht um Anerkennung und Wertschätzung zugleich,

damit das Geld auch im Alter reicht.

In Würde und Frieden, das Alter genießen,

das sollten die Politiker endlich beschließen.

Rentner in einem fremden Land

Sie haben ihr Leben lang hart gearbeitet,

Tag für Tag geschuftet, geschwitzt und viel geleistet.

Am Ende des Weges bleibt ihnen nur wenig.

Eine Rente, die kaum zum Leben reicht, das ist beschämend.

So packen sie ihre Koffer, verlassen das Land.

Treffen eine Entscheidung, die schwerfällt, das ist bekannt.

Sie haben keine Wahl, wenn sie ihre Rechnungen bezahlen sollen,

ziehen sie los, in der Hoffnung auf eine bessere Zukunft.

In einem fernen Land voll Sonnenschein,

da ziehen Rentner mit niedriger Rente ein.

Sie träumen von Ruhe und mildem Klima,

ein neues Kapitel, das ihr Leben bestimmt.

Das ist prima.

Thailand ruft mit goldenem Strand.

Die Lebenshaltungskosten sind hier bekannt.

Portugal lockt mit seinen grünen Weiten,

hier kann man den Lebensabend bestreiten.

Die Sonne wärmt ihre müden Glieder,

sie lassen sich gerne hier nieder.

Spanien strahlt mit mediterranem Glanz,

Rentner finden hier Entspannung beim Tanz.

Strände, Kultur und Tapas im Überfluss,

ein neues Zuhause, ein Lebensgenuss.

Griechenland, ein Land mit antiker Pracht,

wo Rentner ihre Sorgen vergessen über Nacht.

Dort finden sie Ruhe, fernab von Stress,

ein Ort, der sie so manches vergessen lässt.

Rentner ziehen aus, in ferne Gefilde,

auf der Suche nach Freude, die das Altern mildern.

Mit begrenzter Rente, doch viel Mut im Gepäck.

Altersarmut

Ein Leben lang geschuftet und gespart,

die geringe Rente trifft sie hart.

Der Ruhestand naht mit düsterem Grau,

und die Sorgen vermehren sich, trotz des Himmels Blau.

Kein prall gefüllter Geldbeutel in Sicht,

die Zukunft armer Rentner heißt Verzicht.

Die Rente ist knapp, das Konto leer,

so manches Herz wird dadurch schwer.

Die Rechnungen, sie türmen sich,

es bleibt nichts übrig, nicht ein Stück.

Die Altersarmut nagt am Sein,

vergisst die Menschen, macht sie klein.

Die Träume schrumpfen immer weiter,
die Rente klein, die Laune nicht heiter.
Der Alltag hart, der Kühlschrank leer,
die Sorgen lasten schwer, sehr schwer.

Verborgen bleibt das Lächeln im Gesicht,
die Würde gekränkt, der Stolz zerbricht.
Der Blick nach vorne, ein Hoffnungsschimmer,
die Realität ist leider schlimmer.

Die Gesellschaft, ein Spiegel der Zeit,
schaut weg und schweigt.
Altersarmut ist keine Randnotiz,
sie ist eine Wunde, die schmerzt und zerfrisst.

Pension und Rente

Die Arbeit ist getan, der Ruhestand beginnt,

die Rente winkt.

Der Lebensabend, er steht vor der Tür,

Zeit für Erholung, Entspannung und Pläsier.

Die Pension lockt, mit ihren süßen Träumen,

endlich frei, Zeit für Hobbys und Reisen.

Kein Termindruck, keine Hetze mehr,

stattdessen gemütliches Leben, yeah.

Pension und Rente, beide stehen für den Ruhestand,

die Unterschiede sind groß, das ist bekannt.

Die Pension ist für Beamte, die ein gutes Leben haben,

die Rente hingegen ist oft knapp, und das sollte man hinterfragen.

Die Rente zu verbessern, das ist ein Muss,

damit die Rentner auch im Alter leben können, ohne Verdruss.

Die Politik sollte handeln, um die Renten zu erhöhen,

sonst werden die Rentner weiterhin benachteiligt, das ist nicht zu verstehen.

Es ist an der Zeit, dass die Politik die Rentner nicht vergisst,

sie haben oft hart gearbeitet und viel geleistet, das ist gewiss.

Es ist an der Zeit, dass sie im Alter ein gutes Leben führen können,

sie haben es verdient, sich etwas mehr zu gönnen.

Altenheim /Seniorenresidenz

Für viele ältere Menschen sind die Tage nun schwer und lang,

und sie blicken in den Rest ihrer Zukunft bang.

In einem Altenheim, einer Residenz,

erleben sie die letzte Zeit ihrer Existenz.

Die Gedanken schweifen zurück in die Jugend,

als sie tanzten und sangen, egal war ihnen ihre Tugend.

Sie waren lebendig und voller Lebenslust,

im Altenheim herrscht jetzt zuweilen Frust.

Manche brauchen Pflege und Halt,

andere sind rüstig und voller Vielfalt.

Einige sind still und sitzen schweigsam im Raum,

andere plaudern laut, verwirklichen noch einen Traum.

Viele sitzen im Rollstuhl, still und stumm,

andere sind noch voller Elan und Schwung,

In jedem Menschen steckt ein wertvolles Gut,

das Alter ist keine Last, dennoch erfordert es Mut.

Mit den Erfahrungen, die sich auf ihren Gesichtern spiegeln,

wollen sie den Alltagstrott im Heim besiegen.

Sie haben gelebt, geliebt und gelernt,

nun wird die ein oder andere Erinnerung entfernt.

So achten wir auf unsere Alten,

geben ihnen Wärme, indem wir sie in unseren Armen halten.

Eine Umarmung, ein offenes Ohr,

locken ihnen ein Schmunzeln hervor.

In einem Heim der Ruhe und Geborgenheit,

wo das Leben das letzte Kapitel schreibt,

sind die Pflegerinnen und Pfleger, Engel auf Zeit,

schenken ihnen Liebe, Geduld und Geborgenheit,

Energie

<u>Woher kommt der Strom?</u>

Woher kommt der Strom, so frisch und neu,

der fließt durch Leitungen und Kabel, unsichtbar und treu.

Ist es Magie oder gar Zauberei,

die ihn zu uns bringt, so schnell und frei?

Nein, der Strom hat seine Quellen,

es sind Kräfte, die unermesslich und helle.

Beispielsweise die Sonne, die uns belebt,

und uns mit Wärme und Licht durchwebt.

Aus fernen Windparks kommt er geflogen,

aus riesigen Rotorblättern, die sind gebogen.

Sie fangen die Winde, die über Lande wehen,

und wandeln sie um in Energie, wenn sie sich drehen.

Auch die Erde selbst birgt eine Kraft,

in ihrem Inneren ruht sie, tief und sacht.

Dort unten in ihrem Schoß, so heiß,

da brodelt es gewaltig, wie man weiß.

Die Geothermie, sie holt diese Kraft hervor,

und wandelt sie um, wie nie zuvor.

Sie nutzt die Erdwärme, die tief verborgen,

und schenkt uns Strom, ohne Sorgen.

Auch Wasser ist eine Quelle der Kraft,

es fließt und rauscht, bei Tag und bei Nacht.

In Flüssen und Meeren, so reich und klar,

da findet sich die Energie, wunderbar.

Die Wasserkraftwerke, sie nutzen den Fluss,

das Wasser strömt, kein Hindernis ist ihm zu groß.

Es treibt die Turbinen, mit Urgewalt an

und schenkt uns den Strom sodann.

Die Kernenergie war einmal heiß begehrt in unserem Land.

Diese Zeiten sind vorbei, sie wurde verbannt.

Die Risiken waren zu groß,

nun ist Deutschland die Kernkraftwerke los.

Doch woher kommt der Strom, der nicht so rein,

der aus fossilem Ursprung, grau und gemein?

Aus Öl, Gas und Kohle,

das ist nicht zu unserem Wohle.

Energiequellen der Zukunft

Die Zukunft baut auf neue Energiequellen,

die sollten umweltfreundlich sein.

Welche könnten wir da nennen,

die wirklich sind ganz lupenrein?

Die Sonne strahlt in goldenem Schein,

ihre Strahlen aufzufangen, soll unser Bestreben sein.

Solarpaneele auf dem Dach

fangen den Strom ein ohne Krach.

Der Wind weht stark, treibt so die Rotoren an,

sauberer Strom, der uns erfreuen kann.

Doch Sonne und Wind sind nicht immer vorhanden,

dann fehlt der Strom und wir müssen handeln.

Nach weiteren Stromquellen suchen,

nicht fluchen,

die mit der Natur im Einklang sind.

Das versteht jedes Kind.

Wasser ist ebenfalls eine Kraft,

die Energie für uns schafft.

Mit Biomasse, mit Biogas und Bioethanol

produzieren wir Energie für das Gemeinwohl.

Auch heißes Wasser und Dampf aus dem Inneren der Erde

liefern Energie nicht nur zum Erwärmen.

Die Energie der Zukunft muss umweltfreundlich sein,

sonst verändert sich unser Klima noch drastischer und das ist gar nicht fein.

Wir haben Hoffnung und es gibt viele Quellen,

wir müssen nur entscheiden und dann die richtigen wählen.

Die Wissenschaft forscht, Ideen entstehen,

Die Energie der Zukunft, wie wird sie sein, wir werden es sehen.

Innovative Lösungen, die Welt ist im Wandel,

gemeinsam schaffen wir es, wenn wir endlich handeln.

Verschwendung von Energie

Noch leben wir in einer Welt voller Energie und im Überfluss,

doch wir **verschwenden** sie oft gedankenlos.

Wir vergeuden Ressourcen, Tag für Tag,

ohne zu bedenken, welchen Schaden das anzurichten vermag.

In einer Welt, die stets sich dreht,

verschwenden wir so viel Energie wie es nur geht.

Wir leben im Überfluss, im reichen Schein,

und vergessen oft, wie wertvoll sie kann sein.

Die fossilen Brennstoffe, die wir verbrennen,

können wir an ihrem Rauch in den Himmel erkennen.

Der Klimawandel droht, die Welt zu zerstören,

wir **verschwenden** weiter, ohne Rücksicht, ohne auf die Natur zu hören.

Die Erde schenkt uns Energie,

aber wir **verschwenden** sie.

Wir lassen Lichter brennen Tag und Nacht,

obwohl Sparmaßnahmen wären angebracht.

Viele Geräte laufen unangebracht,

im Standby-Modus, ohne Bedacht.

Die Leistung fließt und wird vergeudet,

da hilft es nicht, wenn man dies leugnet.

Die Wärme strömt aus Fenstern und Türen,

unsere Häuser könnte man besser isolieren.

Die Wärme, sie schwindet ziellos dahin,

wir zahlen den Preis für unsere Sorglosigkeit, das ist ohne Sinn.

Noch viele Beispiele könnte ich nennen,

ich bin mir sicher, dass wir erkennen:

Ein Ruf nach Veränderung, der wird laut,

ein neues Energiekonzept gehört aufgebaut.

Verschwenden wir nicht länger Zeit,

Energie zu sparen ist angesagt, weit und breit.

Es ist an der Zeit, dass wir erkennen,

die **Verschwendung** von Energie ist nicht zu verpennen.

Wir müssen achtsam sein, bewusst und klar,

und nachhaltige Wege gehen, das ist nur allzu wahr.

Denn unser Planet schreit nach Rettung.

Bedeutung von Energie für Wohlstand und Umwelt

In einer Welt voller Energie hab acht,

liegt der Schlüssel zu Wohlstand und Macht.

Bedenken wir stets, mit Herz und Verstand,

die Bedeutung von Energie für Umwelt und Land.

Energie treibt Maschinen und Autos voran,

doch hinterlässt sie auch ihre Spur dann und wann.

Schadstoffe verpesten die Luft, ins Wasser sie sich ergießen,

die Umwelt erstickt, es kann nicht mehr alles fließen.

In den Tiefen der Erde ruhen Schätze riesengroß,

Kohle und Gas, doch der Ausstoß ist hoch.

Für Wohlstand und Wachstum, sie wurden verbrannt,

die Folgen davon sind uns nun bekannt.

Öl und Kohle, einst so reich und wertvoll,

heute erkennen wir ihren Preis, und nichts daran ist toll.

Die Klimakrise droht, die Erde schreit,

nach nachhaltiger Energie weit und breit.

Und es gibt eine Lösung, einen Weg aus der Pein,

hin zu sauberer Energie, erneuerbar und rein.

Effizient und sparsam müssen wir leben,

um Wohlstand und Umwelt in Einklang zu heben.

Denn nur so können wir die Welt bewahren,

für kommende Generationen, die sie erfahren.

Energie, die Quelle des Lebens und Lichts,

sollten wir weise nutzen, damit unser Wohlstand nicht zerbricht.

Der Wärmepumpen-Blues

In Zeiten der Klimakrise ein Blues erklingt,
die Wärmepumpe traurig ihr Liedchen singt.
Sie schafft es nicht alleine, den Wandel zu vollziehen,
und ruft nach Verstärkung und anderen Energien.

Im Sommer und im Winter, zu jeder Jahreszeit,
die Wärmepumpe arbeitet still und stets bereit.
Sie pumpt die Wärme aus der Luft und aus der Erde,
und bringt sie uns ins Haus, damit uns heimelig werde.

Ihr Summen erzählt,

von der Last, die sie trägt

und der Hoffnung, dass alles besser wird,

so dass die Krise nicht ins absolute Chaos führt.

So singe weiter, du Wärmepumpenheld,

dein Blues durchdringt die Kälte der Welt.

Wir danken dir für die Wärme, die du uns gibst,

ohne dich wären unsere Körper und Herzen nur kühl und betrübt.

Freundschaft

Wahre Freundschaft

Wahre Freundschaft ist wie ein zartes Geflecht,

gegenseitige Liebe, die sich nie erschöpft.

Sie ist ein kostbares Gut,

das Herz und Seele berührt, wie nichts anderes es tut.

In der Dunkelheit des Lebens, wenn alles schweigt,

ist sie das Licht, das uns den Weg zeigt.

Ein Funken Hoffnung, der nie erlischt,

und alle Sorgen von uns wischt.

Drum pflegen wir sie,

wie eine zarte Blume im Garten der Zeit.

Sie braucht Liebe und Hingabe,

damit sie wächst und für immer bleibt.

Sie gleicht einem Sonnenstrahl an dunklem Tag,

einem Anker im Sturm, der niemals versagt.

In guten und in schlechten Zeiten, stets bereit:

Wahre Freundschaft, ein Schatz für die Ewigkeit.

Falsche Freunde

Mit süßen Worten und freundlichem Blick,
kommen sie auf dich zu und verbergen geschickt
ihre wahren Absichten berechnend und kalt.
Sie spielen ein falsches Spiel, geben dir keinen Halt.

Sie nennen sich deine Freunde, doch das ist trügerisch,
denn Freundschaft ist nicht egoistisch.
Sie steht fest wie ein Fels in stürmischer See,
sie bleibt bestehen, auch wenn andere gehen.

Sie lachen mit dir, wenn alles gut scheint,
doch in deiner Not sind sie nicht mit dir vereint.
Sie flüstern hinter deinem Rücken, voller Hohn,
und nutzen deine Schwäche aus, um sich zu belohnen.

Lass dich nicht täuschen, lass dich nicht betrügen,

halte dich fern von ihren Lügen.

Bleib dir selbst treu und wahrhaftig im Sein,

und ignoriere den heuchlerischen Schein.

Schau genau hin, bevor du vertraust,

und auf falsche Freundschaft baust.

Lerne daraus, erkenne die Zeichen,

umgebe dich lieber mit echten Freunden.

Die dein Lachen teilen, in guten und schlechten Zeiten,

die dich stützen, wenn du fällst und dich nicht verleugnen.

Sandkastenfreundschaft

Im Sandkasten spielten wir Hand in Hand,

zwei kleine Seelen knüpften damals ein festes Band.

Ein Lachen hier, eine Sandburg dort,

wir verstanden uns auch ohne ein Wort.

Wir scherzten und sangen, so fröhlich und frei,

Sandburgen und vieles mehr entstanden dabei.

Dort verbargen wir all unsere Sorgen,

die Zeit schien still zu stehen, in unseren Herzen geborgen.

Damals spielten wir voller Freude,

zwei Kinder, die sich hoch erfreuten

an Eimerchen, Schaufel und Förmchen,

zwischendurch gab es ein großes Eishörnchen.

Die Tage vergingen wie im Flug,

in unserer Welt war kein Platz für Betrug.

Wir haben zusammen gekichert und gelacht,

und uns die Welt immer fröhlich gemacht.

Wir teilten Geheimnisse, Sorgen und Glück,

einander tröstend, wenn es mal nicht so lief.

Im Laufe der Jahre wurde einiges anders,

doch unsere Freundschaft hatte Bestand.

Wir teilten Vertrautes, Träume und Leid,

in unserer kleinen Welt, voller Zweisamkeit.

Die Stunden verstrichen, die Jahre vergingen,

doch unsere Freundschaft sollte für immer gelingen.

Im Sandkasten bauten wir unsere Welt,

und eine Freundschaft auf, die für immer hält.

Zusammen erforschten wir jedes Eck,

haben uns gemeinsam vor den Erwachsenen versteckt.

Und heute ist es auch weiterhin so,

darüber bin ich sehr froh.

In unseren Herzen lodert das Feuer der Verbundenheit,

denn die Sandkastenfreundschaft ist eine Kostbarkeit.

Freunde fürs Leben

Freunde für das Leben, so kostbar und rar,

in guten und schlechten Zeiten immer füreinander da.

Freunde für das Leben, ein Geschenk, so wahr.

Sie lassen uns wachsen, geben uns Halt, Jahr für Jahr.

Sie hören zu, wenn unsere Seele weint,

stehen uns bei, wenn das Herz voller Sehnsucht schreit.

Sie kennen unsere Schwächen und Stärken ganz genau,

lieben uns dennoch und benötigen keine Schau.

Freunde für das Leben, ein kostbares Gut,

das uns bereichert, uns Kraft gibt und neuen Mut.

Wir schenken einander unsere Zeit und unser Herz,

eine Verbundenheit, die nie zerbricht, niemals schmerzt.

In schweren Zeiten, wenn die Dunkelheit droht,

stehen sie uns bei, wie ein rettendes Boot.

Mit ihnen zusammen, ist jede Last leichter zu tragen,

Freunde für das Leben, sie sind wie die Sonnenstrahlen.

In der Ferne sind sie stets ganz nah.

In ihren Augen sehen wir die Wahrheit klar.

Mit ihnen können wir sein, wer wir wirklich sind,

einander verstehen, ohne Worte, fast wie ein Kind.

In ihren Armen finden wir Geborgenheit.

Sie begleiten uns für alle Zeit.

Sie hören uns zu, wenn die Welt uns nicht versteht,

stehen an unserer Seite, wenn das Leben uns quält.

Auf ewig bleiben wir verbunden,

durch die Jahre, die kommen und auch in schweren Stunden.

Freunde für das Leben, so kostbar und rar,

gemeinsam schaffen wir alles, das ist doch klar.

Allein und ohne Freunde im Alter

Am Ende der Jahre allein ich verweile,

die Zeit scheint zu schwinden, die Tage sie eilen.

Kein Lachen, kein Wort, nur Stille im Raum,

die Einsamkeit umhüllt mich wie in einem schlimmen Traum.

In der Jugend war es anders, so voller Pracht,

Freunde umringten mich, Tag und Nacht.

Nun, in den Jahren, sind sie weggestorben,

und Einsamkeit hat mein Herz eingefroren.

Im Spiegel blicken müde Augen zurück,

auf ein Leben, das einst war erfüllt von Glück.

Kein Scherzen, kein Teilen von Freude und Leid,

der Freundschaft Wärme, längst entglitt sie mir heut.

Die Welt da draußen, so bunt und lebendig,

ich bin hier, allein und nachdenklich.

Die Zeit vergeht, die Tage fliehen,

in Einsamkeit und Sehnsucht lasse ich sie ziehen.

Ich sitze allein, im Abendrot versunken,

ohne Gesellschaft, von Kummer durchdrungen.

Die Welt ist so groß, doch fühle ich mich klein,

allein und verloren, ohne Freunde will ich nicht sein.

Vielleicht kommt noch einmal ein neuer Tag,

ein Lächeln, das mir die Einsamkeit nimmt ab.

Ein Freund, der sanft die Hand mir reicht,

das Herz berührt, die Einsamkeit weicht.

Bis dahin verweile ich still und geduldig,

halte die Erinnerung an Freunde müde und zärtlich.

Denn auch wenn sie fort sind, ihr Geist bleibt mir nah,

in meinem Herzen, für immer da.

Mobilität

Bike-Boom

In einer Welt, in der sich unzählige Räder drehen,

entsteht ein Boom, der ist bereits zu sehen.

Das Fahrrad erlebt einen Siegeszug,

vom Auto fahren haben viele genug.

Von Stadt zu Stadt,

von Land zu Land,

wird das Radfahren populärer.

Pkw, Lkw haben es schwerer,

sich über die Straßen fortzubewegen.

Denn oftmals ist ihnen das Bike überlegen.

Von E-Bikes bis zum Cruiser-Modell

es gibt so viele Arten voranzukommen schnell.

Die Radwege füllen sich mit Leben,

egal bei welchem Wetter, auch bei Regen.

Von kleinen Läden bis hin zu Ketten,

alle vergrößern ihre Fahrradwerkstätten.

Sie möchten vom Boom profitieren

und niemand von ihnen will Kapital verlieren.

Vom Morgenrot bis zur Abendsonne,

auf dem Drahtesel ist die Fortbewegung eine Wonne.

Der Fahrtwind trägt die Radler heiter,

die Städte ergrünen und werden leiser.

Vom Berufsverkehr bis zum Freizeitvergnügen,

mit dem Bike können sie alles bedienen.

Kein Stau hält sie auf, kein Parkplatzproblem,

mit dem Drahtesel verläuft alles bequem.

Ein nachhaltiges Zeichen in unserer Zeit,

das Fahrrad steht zur Autoablösung bereit.

Für Umwelt und Freude, für Fitness und mehr,

wir alle lieben das Radfahren sehr.

Da radeln sie nun, Jung und Alt,

durch Wiesen, Wälder, auf dem Asphalt.

Auf zwei Rädern gleiten sie durch die Stadt,

treten in die Pedalen voller Kraft.

Jung und Alt, alle sind Teil dieses Trends,

die Anzahl der Radliebhaber steigt immens.

Ein neues Zeitalter bricht herein.

Und es stellt sich die Frage: Müssen Autos noch sein?

E-Mobilität

In einer Welt, die nachhaltig will sein,

da zieht die E-Mobilität ein.

Die Zukunft ruft nach Strom statt Sprit,

die Zeiten ändern sich, der Fortschritt spricht.

Elektrisch gleiten wir künftig durch die Gegend,

das ist nicht nur für die Umwelt ein Segen.

Kein CO2-Ausstoß, keine Schadstoffe mehr,

nur saubere Luft, so haben wir es gern.

Die Hersteller, sie tüfteln und bauen,

immer neuere Modelle können wir anschauen.

Die Reichweite wächst, die Ladezeit schrumpft,

E-Mobilität appelliert an die Vernunft.

Die Ladestationen wie Blumen erblühen,

an jeder Ecke, an jeder Kreuzung sie nun stehen.

Die Tankstellen der Vergangenheit angehören,

elektrische Ladung wir alle beschwören.

Die Batterien voller Kraft und Schwung,

und um uns herum

da fahren die Autos, E-Bikes und E-Roller,

die Straßen werden mit diesen Fortbewegungsmitteln voller.

Elektrische Impulse durchströmen das Land,

die E-Mobilität wird noch mehr bekannt.

Ein leises Summen, ein sanftes Surren,

die Elektromotoren beginnen zu schnurren.

Kein Auspuffqualm, kein Lärm, der erschallt,

die Straßen erblühen in neuer Gestalt,

Die E-Autos gleiten lautlos dahin,

das ist für uns alle ein Gewinn.

Doch nicht nur Autos oder Busse, nicht nur Zweiräder allein,

auch Schiffe und Flugzeuge steigen ins Elektrische ein,

So schreiten wir voran, in eine neue Zeit,

die E-Mobilität, sie ist nicht mehr weit.

E-Mobilität, du leuchtender Stern,

zeig uns den Weg, wir folgen dir gern.

Öffentlicher Personennahverkehr (ÖPNV)

Im steten Takt der Räder, im öden Alltagsgrau,

durchzieht er unsere Städte, der ÖPNV.

Mit Busticket, Fahrschein, der Karte in der Hand,

warten die Menschen an den Haltestellen gespannt.

Ihr Transportmittel kommt, sie drängen,

noch gibt es Platz genug.

Noch muss man sich nicht zwängen,

die Zeit vergeht im Flug.

Vom frühen Morgen bis zum späten Abend

stehen Busse und Bahnen bereit, ohne zu fragen.

Vom Vorort bis hin zur Innenstadt

bringen sie die Kundschaft ohne Rast.

An jeder Station steigen Menschen ein und aus,

bewegen sich fort, von Haus zu Haus.

Mit jedem Stopp, mit jedem Start,

bringt der ÖPNV sie weiter, Fahrt für Fahrt.

Ein jeder mit einem festen Ziel,

zur Schule, zur Arbeit oder zum Vergnügen.

Die Augen blicken aus dem Fenster hinaus,

das Leben beobachtend, das an ihnen vorbeirauscht.

Der ÖPNV, ein Netzwerk, das uns fortbewegt.

Aber manchmal gibt es auch Ärger, wenn sich nichts regt.

Verspätungen, Ausfälle und überfüllte Wagen,

führen bei vielen Kunden zu Unbehagen.

Mobiler Arbeitsplatz

Der mobile Arbeitsplatz, er kennt kein Gebundensein,

keine starren Wände grenzen unseren Tatendrang ein.

Er ermöglicht uns Freiheit, um produktiv zu sein.

In der Morgendämmerung, noch im warmen Bett,

werden Laptop, Tablet und Handy zum Leben erweckt.

Im Zug, im Café, im Park oder zu Hause,

mit einem Klick verbinden wir uns, ohne Pause.

Einmal verbunden, sind wir niemals allein,

Kollegen und Kunden sind fern und doch so nah.

Wir kommunizieren, gestalten und teilen,

unser Wissen und Können sogar.

Die Tasten klicken, die Bildschirme leuchten hell,

wir verbinden uns mit der Welt ganz schnell.

E-Mails, Konferenzen, Dokumente in Hülle und Fülle.

Aber manchmal benötigen wir auch die Stille.

Die Anzüge und Kleider verschwinden,

wir können sie im Schrank wiederfinden.

Stattdessen wird der Kleidungsstil bequem,

zu Hause kann das ja niemand sehen.

Im Homeoffice blüht der kreative Stil,

man macht zwischendurch auch mal ein Spiel.

Die Kaffeetasse in Reichweite, der Hund zu Füßen,

so kann man arbeiten, ohne sich abrackern zu müssen.

Der mobile Arbeitsplatz, er fordert Disziplin,

denn die Versuchung ist groß, sich zu entziehen.

Doch mit klarem Fokus und festen Ziel

schaffen wir unheimlich viel.

Der mobile Arbeitsplatz fordert auch seinen Tribut,

die Grenzen können verschwimmen, es wird alles diffus.

Die Arbeit zu Hause, im Büro, unterwegs,

wir sehnen uns nach einem Gleichgewicht des Daseins stets.

Vergessen wir nicht, was wirklich zählt,

die Balance zu finden, die uns glücklich und gesund erhält.

RoboCab (Fahrerloses Taxi)

Im Großstadttrubel, voller Hast und Drang,

eilt ein RoboCab durch den Verkehr entlang.

Mit seinem Antrieb, der umweltbewusst,

ist es eine Lösung, die uns alle beeindruckt.

Es nimmt uns mit, wohin wir wollen,

und ohne Geräusche seine Räder rollen.

Indem es die Welt um sich herum scannt,

alle Wege ganz genau kennt.

Die Zukunft ist hier, das Robo Cab ist da.

Es bahnt sich den Weg, macht die Mobilität wahr.

Mit Sensoren und Kameras ausgestattet,

die Welt um uns herum stets wachsam betrachtend.

Die Passagiere entspannen, lehnen sich zurück,

während es hat die Route im Blick.

Es findet den kürzesten Weg durch das Gewühl,

ohne Stau, ohne Stress steuert es zum Ziel.

Kein Lenkrad, keine Pedale, alles automatisiert,

so werden wir künftig durch die Stadt chauffiert.

Keine menschlichen Fehler, keine Unachtsamkeit,

nur pure Effizienz, Tag und Nacht bereit.

Kein müder Fahrer am Steuer zu sehen,

der erschöpft und ermattet,

in den Feierabend will gehen.

Ein fahrerloses Taxi, für manche ein Traum,

es spart uns Zeit, fährt geradewegs durch den vorgeschriebenen Raum.

Doch trotz der glanzvollen Elektroeinheit

fehlt dann doch etwas Menschlichkeit.

Denn kein Gespräch, kein Augenblick,

das Roboter Cab, er spricht kein Stück.

Und ab und zu denkt man dann still,

ein Lächeln, eine Stimme, das ist es, was ich will.